27.

_I_n 1/386.

LA VIE

DE

SAINT OMER

ÉVÊQUE DE TÉROUANNE,

Apôtre principal de la Morinie.

7e Siècle — Honoré le 9 Septembre.

BOULOGNE.

CHEZ BERGER FRÈRES, IMPRIMEURS-ÉDITEURS
51, Grande Rue, 51.

LA VIE

DE

SAINT OMER.

Chapitre premier.

Naissance d'Omer ; son séjour à Luxeuil ; il est envoyé comme Évêque chez les Morins.

Omer naquit de parents nobles et chrétiens dans un endroit du territoire de Constance portant le nom de Val d'Or (Guldindal ou Goldenthal, village des environs du lac de Bodensée). Son enfance et sa jeunesse furent dirigées avec beaucoup de soins et dans un sens profondément chrétien par son père Friulphe et Domilla sa mère. Omer fit de tels progrès dans les voies de la perfection, qu'il résolut de se donner à Dieu tout entier et de suivre les conseils évangéliques ; et même son zèle d'apôtre le dévorant dès sa jeunesse, il l'exerça d'abord sur celui-là même qui était son père selon la nature ; car Domitta étant morte , le saint jeune homme détermina Friulphe à se vouer avec lui à la vie monastique dans la communauté de frères dirigée alors par saint Eustase, abbé de Luxeul.

C'est là qu'il acheva de se former à toutes les vertus qui composent l'ensemble d'une âme parfaitement régénérée, et qu'en peu d'années il parvint à se transformer en une image parfaite du Dieu fait homme qu'il était appelé à faire connaître à des peuples nombreux et dont il devait faire briller à leurs yeux la vive ressemblance. Là aussi il se livra avec beaucoup d'ardeur à l'étude, et il acquit la connaissance approfondie des livres saints et de toutes les sciences qui avaient rapport à la religion. Bientôt même il se distingua tellement par ses vertus et par sa science que son nom devint célèbre dans tout le royaume.

Sa renommée parvint jusqu'aux oreilles de Dagobert, qui régna depuis 628 jusqu'au mois de janvier de l'an 638. Ce prince, sur la proposition de saint Achaire, qui de moine de Luxeul était devenu évêque de Noyon, et d'après l'expression unanime des vœux du peuple de France (comme dit la Vie ancienne du Saint) , désigna Omer pour aller instruire et gouverner le peuple des Morins, et , malgré ses représentations et sa résistance, Omer fut sacré évêque de la ville de Boulogne et de la ville de Térouanne, ainsi que le désigne l'auteur de la Vie de saint Agile , publiée par les Bollandistes (30 du mois d'août, n° 5). *

L'époque précise de l'arrivée de saint Omer chez les Morins n'est pas certaine. Elle ne peut être reculée après l'an 637, puisque Dagobert mourut au mois de janvier 638; elle ne saurait non plus être antérieure à l'an 628 , date du commencement du règne du même prince. C'est donc vers l'an 637 au plus tard , et probablement quelques années avant cette date extrême, que saint Omer fit son entrée apostolique dans le pays qu'il devait tellement ranimer et vivifier, qu'on peut dire avec raison qu'il l'a en quelque sorte, et comme le premier , tout entier enfanté à Jésus-Christ.

* Sicque ingrediens Agilus ævum pueritiæ committitur Eustasio sacris litteris erudiendus cum aliis nobilium virorum filiis, qui postea ecclesiarum præsules extiterunt, Agnoaldo scilicet et Waldeberto.... *Audomaro, qui* Bononiæ *et* Taruanensis *oppidi laudabilis pastor floruit.*

Chapitre II.

Saint Omer n'est pas écouté à Térouanne. Il se rend à Boulogne ; il convertit cette ville et tout le Boulonnais.

En effet, malgré les prédications nombreuses et successives qu'avaient reçues nos aïeux, malgré les efforts fréquents et répétés de tant d'apôtres que le Seigneur leur avait envoyés, toujours ils avaient persévéré dans leurs erreurs, ou s'ils se convertissaient, c'était pour retomber bientôt et retourner à leurs idoles. C'est à Omer qu'il était réservé d'abattre ces idoles et de détruire à jamais leurs temples ; c'est lui qui devait recueillir l'abondante moisson de ce champ du Maître qu'avaient fécondé les travaux et les souffrances de Fuscien et de Victoric, de Victrice, de Maxime et d'Antimond. Aussi, saint Omer est-il considéré comme l'apôtre principal de la Morinie, parce que c'est lui qui acheva complètement de déraciner l'erreur dans cette contrée et d'y faire germer la vérité.

Il eut toutefois à surmonter bien des obstacles avant d'arriver à cet admirable résultat. Les habitants de Térouanne ne le reçurent guères mieux d'abord qu'ils n'avaient reçu ses prédécesseurs. Sa parole ne fut point immédiatement écoutée.

L'homme de Dieu, voyant que l'heure de la grâce n'avait pas encore sonné, prit le parti de l'attendre et se mit à visiter les différents lieux de son vaste diocèse, en commençant par les plus importants et les plus renommés. Il vint donc à Boulogne, la seconde ville titulaire de son siége, et y établit même pour quelque temps sa résidence.

Il y fut reçu avec distinction par les principaux habitants et put s'y livrer à toute l'ardeur de son zèle. En peu de temps il fit de grands fruits de conversion parmi ce peuple qui ne conservait guères de préjugés contre le christianisme, et il eut bientôt conquis toute la ville à Jésus-Christ. Il paraît qu'il y avait à cette époque à Boulogne deux églises dont l'une était déjà fort ancienne, l'église de Saint-Pierre et celle de Saint-Martin. Saint Omer, à ce que l'on croit, fit reconstruire celle de Saint-Pierre et se

mit ensuite à parcourir tout le Boulonnais, prêchant, baptisant, distribuant aux
peuples affamés la parole de vie et les forces surnaturelles des sacrements, parcou-
rant les montagnes et les vallées et laissant partout après lui des chrétientés
bien établies et fermes dans la foi.

Chapitre III.

Travaux de saint Omer à Térouanne. Ses succès définitifs.

Alors, l'apôtre infatigable des Morins, loin de songer à se reposer de ses travaux, pensa que le moment était venu d'attaquer en son refuge le plus inexpugnable jusques-là l'ennemi acharné du genre humain. Il revint donc à Térouanne et se mit à prêcher dans le faubourg de cette ville, si grande à cette époque.

Il paraît qu'il eut la consolation d'affermir si bien dans la foi ceux qui habitaient, sur la montagne d'Helfaut, les environs de la chapelle construite par saint Fuscien, que ces chrétiens zélés devinrent ses précurseurs auprès de ceux qui habitaient la ville même de Térouanne. Ils avaient en effet avec eux des rapports fréquents nécessités par la vente et l'achat des objets nécessaires à la vie et aux vêtements ; et souvent la conversation roulait sur ces doctrines qu'Omer était venu annoncer dans le pays. Peu-à-peu ces doctrines semblaient moins étranges ; puis on ne fut point fâché d'entendre l'apôtre lui-même en faire l'exposé et en donner les preuves ; enfin Omer put paraître dans Térouanne, s'y poser en champion du Christ, et y prêcher publiquement son évangile.

Il se mit alors à attaquer avec ardeur le culte des idoles, à en montrer l'inconséquence et le néant. Il faisait en même temps la vive peinture de la laideur du péché et le tableau non moins saisissant des grâces incomparables de la vertu. Puis il exposait avec clarté les principes chrétiens, il en montrait l'harmonie et l'enchaînement qui entraînent la conviction. Il disait ensuite les peines, les supplices affreux que le Maître du monde réservait dans sa justice à ceux qui n'embrasseraiet pas sa foi et ne se soumettraient pas librement à ses lois équitables ; il peignait en même temps les délices ineffables et les plaisirs éternels destinés à ceux qui seraient fidèles à Jésus-Christ. Toutes ces vérités, soutenues par l'éclat d'une éloquence toute puissante, et tombant dans des cœurs bien préparés à les recevoir, produisirent leur effet, et bientôt plusieurs des principaux de la ville et un grand nombre des autres habitants crurent et demandèrent le baptême.

Dès-lors, il y eut une dissonnance singulière entre l'aspect de la ville de Térouanne et les idées des hommes qui l'habitaient. Ceux-ci étaient devenus chrétiens, et cependant les monuments nombreux que renfermait Térouanne étaient encore debout, comme indices d'un culte idolâtrique désormais sans objet. Fort de l'autorité du souverain, Omer eût pu les faire abattre, mais il savait que tout ce qui est violent ne dure pas; il sut donc commander à son zèle et laisser aux habitants devenus chrétiens le soin d'exécuter eux-mêmes ces actes nécessaires de destruction.

Ils ne se firent pas long-temps attendre. Aussitôt que les esprits furent bien éclairés, les cœurs bien persuadés et réchauffés par les œuvres dans l'amour de Dieu et le zèle de sa gloire, de toute part on se mit à l'œuvre, on renversa les idoles et les simulacres des faux dieux; on consacra sous l'invocation de saint Martin le temple de Mars qui était situé au cœur même et à l'endroit le plus populeux de la cité, au milieu de l'île formée par les bras de la Lys, on recommença à prier dans l'église de Clarques; on construisit même, en l'honneur de la Reine des Anges et des hommes, une église que la piété du roi vint embellir et décorer d'une manière merveilleuse. Dès-lors le christianisme était triomphant, et la croix s'élevait radieuse et bienfaisante sur la Morinie.

Toutefois, Omer voyait avec peine que plusieurs familles de Térouanne n'avaient pu être gagnées à Dieu, ni par sa parole, ni par les pieux exemples dont elles étaient de toute part entourées. Alors il se mit à les visiter toutes en particulier, à traiter avec chacune en détail des points divers de la foi chrétienne. Il vit bientôt les ténèbres épaisses où les retenait l'ignorance de la vérité; puis il faisait briller à leurs yeux les lumières de l'Evangile, il illuminait par degrés leur entendement, il faisait disparaître de toutes les demeures les idoles et les objets de superstition; cause perpétuelle de chûte pour ces peuples peu instruits. Ensuite il guérissait les malades qu'on lui présentait, et leur donnait la santé de l'âme ainsi que la santé du corps. Il délivrait les prisonniers, après leur avoir donné la liberté des enfants de Dieu, plus précieuse mille fois que la liberté corporelle; il se faisait le protecteur des veuves et des orphelins et le père des indigents ; il modifiait par ses conseils et rendait plus équitables l'administration de la justice ; en un mot, il ne vivait pas pour lui-même, mais pour les autres, et c'est en toute vérité qu'il pouvait se dire le serviteur fidèle de Jésus-Christ, l'humble et zélé ministre de l'église de Térouanne.

Chapitre IV.

Saint Omer à Sithiu. Donations d'Adroald. Arrivée de saint Bertin et de ses compagnons.

Cependant il restait à faire une conquête importante, et tout n'était pas encore gagné à la foi de Jésus-Christ. Non loin de la cité de Térouanne, sur la Motte de Sithiu, avait établi sa demeure un homme riche et puissant, et cet homme s'était déclaré l'ennemi acharné du saint évêque des Morins. Au milieu même de sa *villa* un temple s'élevait, et ce temple était dédié à Minerve, dont lui et les siens vénéraient avec soin le vain simulacre. Parfois même Adroald venait résider à Térouanne, et ce n'était pas pour entendre avec docilité, avec curiosité au moins, les saintes et vivifiantes paroles de l'apôtre, mais c'était pour le harceler de plus près, pour le faire souffrir davantage par ses attaques incessantes, pour s'opposer de toutes ses forces et de toute son influence à l'œuvre sainte à laquelle le zélé prélat avait dévoué toute sa vie.

Le vaillant athlète de Jésus-Christ, l'héroïque vainqueur de Boulogne et de Térouanne, ne pouvait longtemps refuser la bataille à ce nouvel et dernier ennemi qui la lui présentait avec tant de témérité et d'orgueil. Fort de sa mission, muni du pain eucharistique, et après avoir répandu son âme devant le Seigneur dans l'effusion d'une prière intime et toute puissante, il se lève un jour dans toute sa vaillance spirituelle, quitte Térouanne et se rend à la Motte de Sithiu. Il va chercher l'ennemi dans sa forteresse même, il va l'attaquer dans ses retranchements.

Adroald, lui dit-il, voici ce qu'a dit le Seigneur : « S'il en est qui n'écoutent point vos paroles, sortez de leur maison ou de leur ville et secouez contre eux la poussière de vos pieds. » Déjà nous vous avons tant de fois parlé de votre salut, tant de fois nous avons adressé nos accents à un sourd, faudra-t-il donc qu'enfin on secoue sur vous la poussière de ses pieds? Puis il lui montra toute la contrée convertie à la foi de Jésus-Christ. Il lui parla de Boulogne et de Térouanne devenues chrétiennes; il lui représenta dans les termes les plus forts la vanité des richesses en lesquelles il mettait sa confiance, la vanité et le néant de la vie et du corps humain qui n'est qu'un composé de poussière et qui doit bientôt retourner en poussière. Il lui mit sous les yeux les vrais trésors, ceux qui sont durables et éternels, les œuvres de charité et de miséricorde. Il lui fit entendre les cris des malheureux qu'il avait dépouillés et sur terre et sur mer, il le somma de racheter par des œuvres d'aumônes et de pénitence ses iniquités et ses crimes. Il lui mit devant les yeux les supplices horribles qu'il se réservait lui-même dans l'autre vie. Puis il l'encourageait par l'exemple des seigneurs et des rois puissants d'alors qui avaient généreusement embrassé la croix du Sauveur du monde; il pressait, il conjurait, il menaçait, il priait, il montrait et les peines et les récompenses, et Dieu donna à sa voix

une si grande force, à sa parole tant d'é-
nergie et de puissance de conviction, que
le fier guerrier, l'homme orgueilleux, le
grand du siècle, l'esclave de Satan fut a-
battu, vaincu et dompté de vive force et
qu'il se rendit à Jésus-Christ. Ainsi Saül
avait été subjugué par la grâce toute-
puissante du Sauveur, alors qu'il per-
sécutait les chrétiens. Nous verrons tout-
à-l'heure qu'Adroald le persécuteur devint
Adroald le bienfaiteur et le propagateur
zélé de la religion chrétienne, par les
établissements nombreux que sa générosité permit d'élever dans le pays pour le
maintien et la perpétuité de la prédica-
tion évangélique.

Il fut donc baptisé, lui et les siens, l'i-
dole de Minerve fut renversée et brûlée,
et sur la montagne même où l'on avait
adoré l'orgueilleuse déesse de la Sagesse
humaine, on vénéra dès-lors, et depuis
tantôt douze siècles on vénère la Vierge
divine qui a été assez heureuse pour porter dans son sein le Sauveur des hommes
et être appelée le siège de la Sagesse divine, *Sedes sapientiæ.*

Alors Adroald se mit à faire de grandes
aumônes, il construisit un hôpital consi-
dérable dans lequel il avait coutume de

recevoir beaucoup de pauvres, suivant le précepte du Seigneur, et employant ses richesses d'iniquité à se faire des amis qui pussent lui être utiles dans le monde futur.

On dit qu'un jour il avait invité saint Omer à venir s'asseoir à sa table, et comme le saint évêque se faisait attendre, une grande foule de pauvres, cortège ordinaire de l'apôtre, s'était rassemblée autour de la demeure d'Adroald. Cependant Omer s'était rendu à Sithiu, vêtu d'habits fort ordinaires, et il s'était mêlé aux derniers rangs de cette troupe d'indigents. Ennuyés d'attendre les pauvres faisaient un peu de tumulte et de bruit, et comme des serviteurs étaient venus leur dire que la cause pour laquelle on les faisait attendre était l'absence de saint Omer : Mais Omer est avec nous, s'écrièrent-ils, Omer est avec nous ! Ils allaient le montrer et le faire reconnaître des serviteurs ; mais le saint avait disparu, l'empreinte seule de ses pieds était restée profondément gravée sur le sol. Adroald comprit alors la pensée d'Omer ; il vit que ce n'était pas à lui que le saint désirait qu'on offrît des banquets, mais aux pauvres du Seigneur ; il fit donc entrer toute cette foule et leur distribua tout ce qui avait été préparé pour le festin. Le P. Malbrancq dit que l'on voyait encore de son temps l'empreinte des pieds du saint sur la place qui était auprès de la porte Sainte-Croix.

Cependant la moisson devenait tellement abondante, que de nouveaux ouvriers évangéliques étaient nécessaires. Aussi Omer fut-il rempli d'une joie immense, selon l'expression de son biographe, lorsque vinrent vers lui, pour l'aider dans ses travaux apostoliques, les trois hommes de Dieu, Mommolin, Ebertramne et Bertin. Puissants par la doctrine et les œuvres, ils enseignaient et portaient secours; ils joignaient à la parole qui illumine, les guérisons et les miracles qui convertissent le cœur, et ils faisaient une ample récolte dans cette nouvelle portion du champ de l'Eglise qu'ils étaient appelés à défricher.

Mais nous avons déjà ailleurs raconté la vie et les œuvres de ces saints personnages. Contentons-nous de dire ici que c'est à la générosité d'Adroald devenu chrétien qu'ils durent de pouvoir réaliser tous leurs projets et fonder des établissements qui furent si prospères et jetèrent dès leur origine même une splendeur si vive.

Voici en effet l'acte même de cette donation que nous lisons dans le cartulaire de Saint-Bertin. *

« Aux saints Pères et seigneurs Bertin, Mommolin, Ebertramne.

» Au nom de Dieu, moi Adroald, l'esprit sain, et après une mûre délibération avec saine réflexion, afin que le Seigneur daigne me pardonner tous mes péchés, je vous donne toute la portion de mon héritage située dans le territoire de Térouanne, que déjà nous avons voulu donner au seigneur et père Omer, homme apostolique, pour y construire son hôpital. Mais lui-même nous a donné un sage et meilleur conseil, celui de vous faire part de ces biens, afin que vous puissiez y construire un monastère en l'honneur de saint Pierre le prince des apôtres, pour y vivre avec des moines, y rassembler les bienheureux pauvres d'esprit et les habitants de la maison de la foi, dont les voix résonnent chaque jour aux oreilles du Seigneur qui écoute leurs demandes et les exauce. A ces causes, je vous donne,

* *Chartularium Sithiense*, publié par M. Guérard, —1840, pages 18 et 19, charte de la donation d'Adroald.

à vous mes pères dans le Christ, par cette lettre de donation, dans le territoire de Térouanne, une terre à moi appartenant, nommée Sitdiu, sur le fleuve d'Aa, avec tout ce qui lui est inhérent ou adjacent ou qui y a rapport. » Puis vient l'énumération d'une dizaine de villages qui composaient cette propriété qu'Adroald donnait aux saints religieux avec tout ce qu'elle renfermait et portait. L'acte est daté, comme nous l'avons dit dans la vie de saint Bertin, de l'an 11° de Clovis, le 8 des ides de septembre.

Omer y souscrivit comme témoin, en ces termes qui marquent sa profonde humilité : Au nom du Christ, Omer le pécheur, évêque de nom sans l'être par les œuvres, j'ai souscrit comme témoin ; *Peccator Audomarus, nomine absque opere episcopus, pro testimonio subscripsi.*

Saint Omer résidait de temps en temps à Sithiu, et il y fit même un séjour de plusieurs années auprès de son église de Notre-Dame sur la Motte de Sithiu, qui était spécialement destinée à la sépulture des moines et à la sienne. On rapporte qu'une nuit il se leva en secret et quitta sa demeure pour aller au milieu de la campagne répandre son âme devant le Seigneur en toute liberté. Il avait en ce moment le dessein d'élever un temple en l'honneur de saint Martin, et comme il priait avec une ardeur extrême le saint apôtre des Gaules de vouloir bien lui indiquer l'endroit où il lui plairait d'être spécialement honoré, une grande lumière lui apparut, descendant du ciel et s'allongeant successivement jusqu'à ce qu'elle eut touché la terre en un lieu qu'il eut soin de marquer en y enfonçant son bâton pastoral. Persuadé que ce lieu lui était désigné par l'habitant des cieux lui-même, Omer y conduisit le lendemain tous ses frères, et après leur avoir raconté sa vision, il éleva l'autel à l'endroit même qui avait été frappé par le rayon céleste, puis, autour de l'autel, l'église, qu'il dédia en l'honneur de saint Martin, et qui plus tard, détruite par les barbares du Nord, a été reconstruite dans le même endroit, aujourd'hui hors des murs, qui porte encore le nom de Saint-Martin au Naert ou au Laert. On dit aussi que la modeste couche, sur laquelle reposait Omer pendant son séjour à Sithiu, fut conservée pendant plusieurs siècles, et qu'elle fut l'instrument de beaucoup de miracles.

Chapitre V,

Diverses actions de saint Omer ; ses miracles.

Avant d'être ainsi le vainqueur du monde et de Satan, le prédicateur zélé de la parole de vie, le fondateur de toute une grande église, Omer avait dû se vaincre lui-même et devenir, comme nous le disions plus haut, la fidèle image de Jésus-Christ dont il devait présenter aux peuples la doctrine sublime. Parfois cependant Omer ressentait de nouveau les atteintes de l'ennemi du salut ; les tristes suites du péché originel se manifestaient dans son corps si mortifié, le Seigneur le permettant ainsi, afin que l'esprit d'orgueil ne vînt point ternir l'éclat d'une âme si pure et l'exposer à la réprobation, après après avoir été l'instrument de la justification de tant d'autres âmes.

On rapporte qu'une nuit des tentations plus violentes que d'ordinaire vinrent l'assaillir au moment même où il adressait à Dieu des prières ferventes. Plus il faisait d'efforts pour se recueillir et élever son esprit vers les choses du Ciel, plus la chair parlait avec force et le ramenait vers les choses de la terre. Il se jette à genoux , il se frappe la poitrine, il gémit, il supplie et cependant il ne gagne rien. Prenant alors une résolution généreuse, ayant recours au moyen extrême que plusieurs saints ont employé en pareille occasion , il sort en secret de la maison où il laisse les autres plongés dans le sommeil, se rend dans un champ où se trouvaient en abondance des épines et des ronces aiguës , se dépouille de ses vêtements et s'y roule sans pitié jusqu'à ce que tout son corps étant couvert de plaies la concupiscence charnelle fût complètement éteinte. On ajoute que dès ce moment il fut pour toujours délivré de cette sorte de tentation. Il regagna ensuite furtivement sa demeure et voulut cacher ce qui était arrivé, mais la vue de ses habits tout ensanglantés eut bientôt fait connaître son secret . *

Le Seigneur avait communiqué à son

* Ce fait rapporté par Malbrancq, libre 3e, ch. 22e, se trouvait dans un ancien manuscrit des P.P. Feuillans de Paris cité par Mabillon, et dans un autre de la bibliothèque de Saint-Bertin. Voir l'*Origine des églises de Saint-Bertin et de Saint-Omer*, par un religieux de l'abbaye de Saint-Bertin , p. 14.

ministre fidèle le pouvoir de faire des miracles, car ce pouvoir était nécessaire alors, et devenait souvent le moyen principal de conversion auprès de peuples grossiers d'ordinaire et abrutis par la longue pratique d'un culte d'idolâtrie. Il parcourait donc son diocèse et veillait partout avec soin sur son troupeau bien-aimé, lorsque se trouvant dans les environs du village de Quernes, on le pria de se rendre en cet endroit pour y consacrer une église que la piété généreuse du seigneur du lieu venait de construire. Il venait d'achever la consécration de l'autel, lorsqu'un envoyé du château accourt disant que l'épouse du seigneur de Quernes avait donné le jour à un enfant mâle, mais que cet enfant était complètement aveugle. Dieu soit béni ! s'écrie le saint évêque, Dieu soit béni, car il savait que ce fait n'était aucunement opposé à la sagesse divine, si différente des idées que s'en forment les mortels. Bientôt arrive le père lui-même, portant dans ses bras son enfant privé de la vue ; il se jette aux genoux de saint Omer et le supplie de donner à l'âme de son enfant la lumière que Dieu avait jugé bon de refuser à son corps. Omer y consent et se rend aux fonts baptismaux pour le régénérer par l'eau et le Saint-Esprit dans ce temple même que le père dans sa piété avait fait élever à la gloire de Dieu. Cependant il n'y avait point d'eau pour le baptême, car l'église venait seulement d'être consacrée; alors Omer frappe la terre de son bâton pastoral, et aussitôt une source limpide s'élance, se creusant un large bassin, et vient servir à l'administration du sacrement de la régénération spirituelle de l'enfant. Elle servit aussi au bien de son corps; en effet, à peine eut-elle touché la tête du nouveau-né, que ses yeux s'ouvrirent inondés d'une vive lumière; le père au comble de la joie envoya annoncer l'heureuse nouvelle à son épouse désolée, et tous rendirent gloire à Dieu qui avait voulu inaugurer par ce double prodige la dédicace de ce temple qui avait été édifié en son honneur.

Le P. Malbrancq, qui raconte ce fait, ajoute qu'il a vu en mémoire de cet événement, sur le maître-autel de l'église de Quernes, l'image du saint, sculptée en pierre, revêtu des insignes pontificaux et tenant à la main une crosse dont l'extrémité touche un petit ruisseau. Un petit enfant est à ses pieds. Il dit aussi avoir vu à l'extrémité du cimetière une source abondante qu'on lui a dit être celle-là même que saint Omer a fait jaillir; l'eau de cette source servait souvent de mystérieux remède à toutes sortes de maladies. Un manuscrit de saint Omer, cité par le même auteur, ajoute que le seigneur de Quernes fut tellement touché, qu'il voulut donner à saint Omer la terre de Quernes avec l'église et tout ce qui en dépendait.

Renty conserve aussi la mémoire du passage de saint Omer; toute la campagne environnante a gardé le souvenir fidèle de la présence et des visites fréquentes du grand apôtre des Morins. Car saint Omer se plaisait à aller ainsi de village en village; comme le bon pasteur il courait après la brebis égarée; c'était sur ses épaules qu'il la chargeait avec les délices du dévouement, et il la reportait lui-même dans le bercail.

Un jour qu'il avait fatigué plus que de coutume et qu'il avait beaucoup de peine à traîner son corps exténué par le travail, les forces de la nature lui firent défaut et il fut obligé de se laisser aller au sommeil. Il n'alla point chercher une couche élégante; le tronc d'un arbre un peu incliné fut le support qui servit à reposer sa tête vénérable ; les rameaux couverts de feuillage projetaient leur ombre sur ses membres sacrés et les protégeaient contre l'ardeur du soleil. Pendant qu'il goûtait le bienfait d'un sommeil réparateur, une vision céleste s'offrit au saint évêque, accoutumé déjà depuis longtemps à converser ainsi avec les habitants du monde supérieur. Peut-être cette vision avait pour objet quelque chose qui avait rapport à l'endroit où il se trouvait alors, car dès qu'il fut réveillé il ordonna à ceux qui l'accompagnaient de façonner à l'aide des arbres qui étaient nombreux en cet endroit, une croix qu'il baisa et vénéra d'abord et qu'il fixa en terre sous l'arbre même qui lui avait servi d'instrument de repos. On était à la sixième heure du jour, celle qui maintenant correspond au milieu de la course du soleil, et le lieu où avait reposé saint Omer se nomme aujourd'hui Journy (canton d'Ardres). La nuit suivante une grande lumière brilla autour de la croix et rendit l'arbre tout resplendissant de la couleur de l'or ; de toute part on accourut pour jouir de ce spectacle ravissant, et depuis lors on eut une vénération particulière pour ce lieu, d'où sortait une vertu céleste et où s'opérèrent beaucoup de guérisons.

On croit aussi que saint Omer se rendit de là à l'endroit que l'on nomme aujourd'hui Doudeauville, et qu'il y jeta jusqu'à un certain point les bases premières de la maison religieuse qui devait y fleurir plus tard. Puis il parcourait les forêts de la Fosse-Boulonnaise, il gravissait les montagnes élevées, suivant le cours des eaux, visitait les ports et les endroits maritimes, examinant tout par lui-même, se rendant compte de l'état réel de toutes les âmes confiées à sa sollicitude, et accomplissant jusqu'à l'héroïsme les devoirs de la charge pastorale.

Plusieurs historiens ont dit que saint Omer se trouvait à Boulogne quand l'image miraculeuse de Notre - Dame vint aborder en cette cité privilégiée, fuyant d'autres lieux devenus indignes de la posséder. Il paraît au moins que saint Omer rétablit l'église de Boulogne et qu'il en fit bâtir une nouvelle dédiée à Notre-Dame, sur les ruines de l'ancienne. « C'est sans doute de ce rétablisse-
» ment (dit le manuscrit attribué au P.
» Lequien, p. 44), dont nous avons en-
» core aujourd'hui des restes aux voûtes
» de la croisée et de la nef et dans toutes
» les colonnes du bas de cette église , où

» l'on peut remarquer l'ancien goût et
» l'ordre d'architecture gaulois, car cela
» ne se ressent aucunement du gothique,
» comme quelques-uns se le sont imagi-
» né. Ces restes sont semblables en tout
» à ce qu'on voit aussi dans les colonnes
» et les chapitaux de l'église de Saint-Ger-
» main-des-Prés à Paris, et dans celle de
» l'abbaye de St-Lucien près Beauvais. »

Si cet événement merveilleux, qui devait plus tard jeter tant d'éclat sur la ville
de Boulogne, est réellement arrivé pendant qu'Omer était dans ses murs, il a
dû avoir lieu à l'époque de sa première
résidence en cette ville, vers l'an 636.

Voici un autre fait miraculeux qui s'est
également passé à Boulogne, mais beaucoup plus tard, et probablement vers la
fin de l'épiscopat de saint Omer ; nous
nous bornerons, pour le reproduire, à
donner la traduction du récit qu'en fait
une des vies du saint publiées par les
Bollandistes.

« Un jour, Omer, l'illustre confesseur du
Christ, se trouvait à Boulogne, et s'étant
levé de bonne heure selon sa coutume
après les veilles de la nuit, il entra dans
l'église, y prêcha la parole de Dieu pendant une grande partie de la journée à la

foule qui l'entourait, chanta la messe pour le peuple chrétien, imposa les mains à ceux qui souffraient de différentes espèces de maladies, et, fatigué de tant de travail, le vénérable vieillard alla se reposer sur son lit à l'heure du midi. Et comme il donnait à son corps un peu de temps pour se remettre de ses fatigues, un de ceux qui l'accompagnaient, emporté par l'ardeur de la jeunesse, s'approcha de lui, et lui dit : Seigneur, donnez-moi maintenant votre permission, et que je puisse aller dans le voisinage de la mer. Le saint lui répondit d'une voix prophétique : Non, mon fils, je ne vous donne pas maintenant la permission d'aller quelque part que ce soit, je crois qu'il est mieux d'attendre ici quelque temps, jusqu'à ce que je sois réveillé de mon sommeil. Sentinelle vigilante, il avait prévu le péril que devait courir le jeune homme. Alors accablé par le sommeil, le vieillard se tut et s'endormit.

« Cependant le jeune homme ne tint pas compte de la défense de son maître, comme font ordinairement les jeunes gens, qui font peu de cas des recommandations des vieillards, et il se mit à courir vers la mer. Et, voyant sur le rivage une petite barque sur laquelle on avait coutume de traverser la rivière qu'en ces lieux ou nomme l'Elne (la Liane), perdant toute mémoire, entraîné par le désir de s'amuser, et sans faire la moindre réflexion, il entre tout seul dans cette barque dans le dessein de se récréer entre les deux rives de ce courant d'eau. Mais la force du vent l'eut bientôt emporté en pleine mer, et une tempête s'étant élevée, la nacelle fut vivement secouée par les vagues devenues énormes. Sans gouvernail et sans pilote la barque errait çà et là au milieu de la mer qui sépare la Bretagne du pays de France, gouffre terrible qui souvent engloutit les plus forts navires. L'infortuné ne pouvait plus apercevoir ni une côte ni l'autre, et il se repentait d'avoir méprisé les paroles de son maître. Il crut qu'il allait périr au milieu du combat violent que se livraient les vents et les ondes, car ni lui ni sa barque ne pouvaient résister à la mer agitée. Il se mit donc à implorer le Seigneur par les mérites de saint Omer, et la miséricorde du Tout-Puissant le conduisit vers la terre des Saxons.

« Mais lui, de nouveau frappé de stupeur à la vue d'un pays qu'il ne connaissait pas, se mit à craindre de devenir la proie des barbares, s'il restait seul en cet endroit pendant quelque temps. Confessant donc et reconnaissant sa faute de désobéissance, et répandant des larmes abondantes, il réclame de nouveau le secours de saint Omer, et, se confiant en Dieu, il retourne à sa barque. Alors Dieu Tout-Puissant apaisa la fureur de la mer et lui donna un vent convenable ; et voilà que la nacelle, nageant derechef le long d'une mer sereine, revient sans obstacle au même port d'où la violence du vent l'avait fait sortir. Quand il eut vu les champs qu'il connaissait, le jeune homme, laissant sa barque sur le rivage, rendit grâces à Dieu Tout-Puissant, puis il courut bien vite auprès de son maître qu'il trouva en prière dans l'endroit même où il l'avait vu endormi. Prosterné contre terre et fondant en larmes, il confessa sa faute de désobéissance, et demandait son pardon dans les termes de la plus grande humilité. Et le vieillard, le reprenant avec douceur, lui disait : Mon fils, ne vous avais-je pas défendu de sortir ? Pourquoi avez-vous méprisé les paroles de votre père ? Et le jeune homme répondait en tremblant : Seigneur, c'est ma faute, oui, c'est vraiment ma faute : pardonnez-moi, pardonnez à ce malheureux que vous avez délivré du péril de la mort.

« Il se mit alors à raconter les dangers qu'il avait courus lorsqu'il se trouvait tout seul sur une petite barque au milieu des flots gonflés de l'Océan, au milieu des écueils élevés, au milieu des vagues qui se heurtaient en tourbillons. Il ajoutait que jamais il n'en serait sorti en vie, si la toute-puissance du Seigneur ne l'avait délivré de la mort par les mérites de saint Omer. Alors, le bienheureux prélat reprit avec humilité son disciple inconsidéré, et lui dit : Que jamais plus cette parole ne sorte de votre bouche tant que je vivrai, de peur que l'ennemi ne triomphe de moi par le péché d'orgueil ; car nous ne devons pas chercher la louange de la bouche des hommes, de peur que notre esprit ne s'élève par la vaine gloire. Le jeune homme, effrayé des suites d'une première faute de désobéissance, garda le silence pendant toute la vie du bienheureux prélat, mais après sa mort il raconta dans tous les détails ce qui lui était arrivé. »

Nous ne devons pas oublier non plus de faire mention d'un autre prodige opéré par saint Omer.

Pendant qu'il parcourait les environs de Furnes, un homme puissant, nommé Adalfride, le pria de venir loger dans sa maison. A peine Omer a-t-il mis le pied sur le seuil, qu'il aperçoit dans les bras de sa mère un enfant de trois mois, aveugle comme celui dont on a parlé plus haut, et qu'on lui dit n'être pas encore baptisé. Alors, dit un manuscrit de Clairmarais, cité par le P. Malbrancq, saint Omer fait orner la maison de branches d'arbres en signes de fête, il rassemble tous les habitants du bourg, fait des prières préliminaires, demande le parrain et commence le rit du baptême. Quand il en vint à cet endroit où l'on demande au parrain répondant pour l'enfant : Renoncez-vous à Satan? le parrain n'eut point le temps de répondre à la question que saint Omer avait adressée directement à l'enfant lui-même, car celui-ci répondit : J'y renonce. La foule éclate en cris d'admiration, le prélat continue sans s'étonner, et à peine avait-il répandu sur l'enfant l'eau régénératrice, que ses yeux furent ouverts et se promenèrent doucement sur tous les assistants émerveillés. Bientôt le récit de ce miracle et des autres se répandit parmi les Ménapiens et les Morins, et beaucoup de ceux qui avaient refusé de se soumettre à Jésus-Christ embrassèrent avec ardeur sa doctrine.

Chapitre VI.

Saint Omer devient aveugle ; il recouvre la vue miraculeusement et la perd de nouveau ; ses dernières années ; sa mort.

Saint Omer étant parvenu à une vieillesse assez avancée, perdit l'usage de ses yeux. Homme de foi et vrai israélite, selon l'expression du Bréviaire de Térouanne, il ne considéra point cet événement comme un malheur, car son œil intérieur était ouvert, il se livrait même dès lors avec plus de liberté à la contemplation des choses d'un monde plus haut et plus réel que le monde présent, et chaque jour il continuait d'immoler au Seigneur le sacrifice saint selon le rit de Melchisédech.

On ne sait pas précisément en quelle année il perdit la vue, mais il est certain qu'il était déjà frappé de cécité vers l'an 667, date assignée par le P. Stilting à la translation des reliques de saint Vaast. Omer assista à cette translation qui fut faite par saint Aubert, évêque d'Arras,

Lambert de Tongres et plusieurs autres saints évêques. Averti par une révélation de l'endroit où il devait transférer les reliques de saint Vaast, dit Alcuin dans la vie de ce saint évêque d'Arras, saint Aubert invita pour l'aider dans une œuvre si grande le bienheureux Omer, qui en ce temps-là était évêque de Térouanne, ville des Morins, et qui passait pour être d'une admirable grandeur dans les choses de Dieu. Bien qu'accablé de vieillesse et affaibli par la perte de ses yeux, Omer s'abandonna à la conduite du Christ et se rendit en toute hâte auprès du vénérable Aubert, car son âme était semblable à un arc tendu et toujours ferme par l'étude des choses spirituelles. Aubert lui fit part de ses projets, de ce qui lui avait été montré d'une manière divine, et, d'un commun consentement, à la grande joie du peuple accouru de tous côtés, ils transportèrent saint Vaast au lieu qui avait été désigné. On raconte que dans cette translation le bienheureux Omer (par les prières des saints évêques et les mérites de saint Vaast) recouvra l'usage de ses yeux, mais qu'ensuite il demanda au Seigneur et obtint de redevenir aveugle, car il faisait peu de cas des yeux de la chair, lui qui méritait de jouir de la vue des habitants du monde supérieur. Exemple héroïque de résignation et de conformité parfaite à l'ordre de la divine Providence ! Il avait bien compris le sens profond de la parole de l'Evangile : « Votre Père céleste sait mieux que vous ce qui vous convient. » Il savait que cette cécité extérieure ne lui avait été envoyée que pour son bien spirituel, et il craignait de sortir des voies de la Providence en acceptant d'en être délivré.

Les historiens ne sont pas d'accord sur l'année de la mort de saint Omer. Il se trouvait à Wavrans quand il fut atteint d'une fièvre qu'il pressentit devoir en peu de temps le mener au tombeau. Il se fit alors conduire à l'église, où il célébra à l'ordinaire les saints mystères et distribua lui-même aux assistants la communion du corps et du sang du Sauveur. Puis il les bénit tous pour la dernière fois et leur adressa pendant quelque temps des paroles pleines d'onction et de charité.

« Mes chers enfants, leur disait-il, vous qui m'avez fait éprouver des douleurs si vives pour vous enfanter à Jésus-Christ, vous voyez le pasteur, indigne de porter ce titre auguste, à qui vous avez été confiés, sur le point d'entrer dans la voie de ses pères. J'ai eu à gouverner un vaste diocèse; il n'en est aucune partie que je n'aie visitée, il n'est aucun coin du pays des Morins que je n'aie tenté de défricher. Plût à Dieu que mes exhortations eussent été plus efficaces et que les fruits en eussent été plus abondants, que la foi et les vertus que la religion nous prescrit eussent jeté dans ce pays de profondes racines ! J'ai au moins la consolation d'avoir consacré plusieurs temples au culte du vrai Dieu, d'en avoir abattu dans des lieux où l'on adorait des idoles, d'avoir élevé plusieurs monastères et de les avoir peuplés de pieux cénobites qui les rendent comme autant de forteresses que toutes les attaques du démon ne pourront renverser. Ce sont les œuvres du Tout-Puissant. Vous qui avez été les témoins de toutes ces bénédictions du Ciel, si vous désirez me marquer votre reconnaissance, tenez une conduite digne de la religion que vous professez, suppléez à ce que je n'ai pu faire. J'ai semé, j'ai planté, que vos bonnes œuvres fassent connaître à la postérité que le Seigneur a béni mes travaux. Que l'esprit qui anime cette église naissante ne se corrompe jamais. Je vous embrasse tous dans le sein de Jésus-Christ. La miséricorde du Seigneur est sans bornes ; puisse-t-il m'accorder la grâce de vous voir tous heureux dans l'éternité ! » Alors il retourna dans sa maison, se mit sur son lit , et la fièvre s'empara de lui avec plus de violence; mais son visage ne perdait point sa sérénité et sa gravité accoutumées. Peu après il rendit son âme à Dieu dans ce calme qui est l'annonce du bonheur réservé aux amis du Seigneur. On connut le moment de sa mort à l'odeur suave que son corps commença d'exhaler. Saint Bertin et ses religieux vinrent prendre le corps du saint apôtre et le conduisirent en grande pompe à l'église de Sithiu sur la montagne , où ils l'inhumèrent. Un grand nombre de miracles s'opérèrent à son tombeau et firent connaître que le crédit dont le saint avait joui auprès du Seigneur pendant sa vie n'avait fait qu'augmenter après sa mort,

L'abbé Van Drival.

FIN.

———

Propriété des Éditeurs.